Das Göttliche in Dir

Mein spiritueller Weg fing bereits als Kind an, wie eigentlich bei jedem.

Meine erste Begegnung mit einem geistigen Wesen hatte ich mit ca. fünf Jahren. Ich kann mich noch daran erinnern, als wäre es gestern gewesen, denn diese Erfahrung prägte sich so ein, dass ich mich immer wieder mit großer Freude daran erinnere. Der Moment war voller Liebe und Wärme.

Es war kurz vor 24 Uhr.
zu dieser Zeit konnte ich die Uhr noch nicht lesen, doch die Zeiger auf unserer großen Wanduhr prägte ich mir ein.

Ich wurde wach, der Raum wurde hell und da war er, ein kleiner Junge, mit schwarzen lockigen Haaren, betend, im hellen Schein. Mit seiner Präsenz umhüllte er mich, mit dem Gefühl der Liebe und Wärme, mit dem Gefühl behütet zu sein. Es war unbeschreiblich.

Er sah mich an und im nächsten Augenblick war der Raum dunkel, er war weg und ich schlief weiter.
Die darauf folgende Zeit dachte ich immer wieder an dieses Ereignis, bis es irgendwann in Vergessenheit geriet.

*

Das Gefühl "anders " zu sein hatte ich zwar als Kind eigentlich durchwegs, doch ich wusste nicht woher das kam. Die Menschen schauten mich immer sehr seltsam an, als wäre ich von einer anderen Welt.

Und andere Kinder konnten mit mir nicht wirklich was anfangen. Meine feinfühlige Art machte es mir nicht gerade leicht in der "Menschenwelt " zu leben.

Ich hatte oft Bauchschmerzen und mich überkam ein ungutes Gefühl, ein Klos im Hals, Schwindel und andere körperliche Symptome wenn es darum ging, in die Schule zu gehen oder unter Menschen zu gehen.

Doch zu der Zeit wusste ich nicht wieso. Ich war sehr in mich gekehrt, spielte lieber mit Steinen, draußen alleine für mich. Ich sammelte Schnecken baute ihnen ein schönes Zuhause bis ich sie am Abend wieder raus lies.

Ich setzte alle Käfer, Regenwürmer, Schnecken und anderes Getier ins Grüne wenn es auf der Straße unterwegs war, denn ich hatte immer Angst dass sie sonst zusammengefahren werden.

Wenn ich sie absetzte, hatte ich manchmal das Gefühl sie sagten danke :).

Heute weiß ich das meine Feinfühligkeit und Präsenz nichts Komisches sind, sondern mein Werkzeug um zwischen den Welten zu vermitteln und um mit der feinstofflichen Welt zu kommunizieren.

Lange hatte ich das unterdrückt.
Meine Jugend hindurch gehörte ich irgendwann endlich zu den "Beliebten " und drückte jegliches Gefühl oder Hellsicht weg.

Bis, ja, bis ich mit 21 am Küchentisch mit meinem jetzigen Mann saß und ich in Tränen ausbrach, weil ich nicht mehr auskam.

Ich musste meiner Berufung folgen.

Da saßen sie, zwei Seelen, die ganz gerne noch kommunizieren wollten, bevor sie ins Licht gingen.

Da ich es noch immer nicht wirklich wahr haben wollte, ignorierte ich sie doch das ging nicht lange.

Ich wusste, ich muss mich meinem Schicksal stellen. Das hört sich jetzt zwar ein wenig dramatisch an, aber zu der Zeit, war es das im ersten Moment auch.

Mein Mann saß neben mir und fragte mich was los sei. Als ich es ihm sagte, zuckte er mit den Schultern und meinte: „Ja gut. Und was sagen sie? " Ich war ein bisschen verdutzt, denn ich rechnete eher mit: „Komm ich bring dich in die Psychiatrie. " Oder so.

Aber für ihn war das ganz normal.

Er aß weiter und ich fragte was sie wollten. Ich weiß nur noch das es um eine Tat ging, die nicht verziehen wurde. Und so hatten sie Angst, ganz ins Licht zu gehen. Deshalb waren sie noch in dieser Zwischenwelt.

Als ich dann aber bereits viele Engel um die beiden herum sah und ein Tor im Hintergrund, das sich öffnete, wusste ich, jetzt ist es soweit.

Und plötzlich spürte ich ganz viel Liebe und wusste, dort gibt es keine Vergeltung dort gibt es nur Liebe, die beiden gingen mit den Engeln und sie bedankten sich.

Das war ein unglaubliches Erlebnis. Ich spürte Aufregung, Glück, unglaublichen Frieden aber auch ein ungutes Gefühl was da denn jetzt auf mich zukommen würde.

Und durch diese "andere Welt ", durch meine Intuition und durch meine Familie kam ich nun zu diesem Buch.
Es rief mich und so schrieb ich es.

In diesem Buch werden Teile der Spiritualität beleuchtet. Die Engel kommen zu Wort und es werden Ratschläge der geistigen Welt mit einfließen.

Ich werde mit euch Erlebnisse und Erfahrungen mit der anderen Welt teilen, Geschichten die mir widerfahren sind, erzählen.

Und Erzählungen der Seelen die mir mitgeteilt wurden weitergeben. Ebenso werden Botschaften aus den zahlreichen Tierkommunikationen ihren Platz finden.

Wir werden uns den Themen Trauer und Abschiednehmen widmen. Und viele weitere Themen beleuchten die jeden von uns betreffen.

Und wir fragen die Engel nach unserer Entstehungsgeschichte.

In einer Sitzung mit den Engeln fragte ich sie, was sie dazu sagen, wenn ich denn noch ein spirituelles Buch auf den Markt bringe, da es doch schon so viele gibt. Und auch was sie uns noch mitteilen wollen.

Erzengel Michael und Erzengel Samuel sagten dazu folgendes:

Es ist wohl wichtig, dass solche Bücher gerade immer öfter auftauchen, denn ich bin mir sicher, dass die Schöpfung viele Helfer als Botschafter gerade in dieser Zeit braucht.
Es müssen so viele Botschaften von vielen verschiedenen Erdhelfern übermittelt werden, um wieder Struktur, Klarheit und Licht in die Menschenseelen zu bringen.

Denn lange gab es nicht mehr so viele Kriege, Hass, Neid, Gier und Missgunst auf der Erde. Als ob die Mächte, die Energien gerade einen Kampf austragen. Doch wo viel Schatten produziert wird, muss auch viel Licht sein; deshalb finden gerade immer mehr Menschen den Weg zu sich selbst, den Weg zum Göttlichen in sich und den Weg zum Licht.

Die Menschen beginnen wieder auf ihr Bauchgefühl zu hören, ihrer Intuition zu folgen. Und genau das ist das, wofür sie geboren wurden, dem inneren Weg zu folgen.

Du hast sicher schon des Öfteren etwas getan oder gesagt, was im Inneren ein schlechtes Gefühl ausgelöst hat und meistens folgten daraus mehr Ereignisse die noch mehr schlechte Gefühle auslösten, die wiederum wieder negative Ereignisse auslösen und das geht immer so weiter, bis die Menschen letztendlich das Leben so hinnehmen und sich fügen.

Den Weg zum Inneren verschließen. Daraus folgen psychische sowie körperliche Krankheiten und Blockaden.

Es kommen Ängste hinzu, die Menschen werden unsicher, sie fühlen sich wertlos, werden depressiv und all das, weil sie ihrem Inneren den Weg verschlossen haben.
Wie also können die Menschen es schaffen, diesem Inneren nicht mehr den Weg zu verschließen oder ihn wieder zu öffnen?
Das ist für uns Geistwesen ganz einfach, es würde in eurer Zeit keine Sekunde dauern.

Da die Menschen aber gerne eine Erklärung bekommen für all das, was Ihnen und um sie herum passiert, lass uns zurückgehen, dorthin, wo alles begann, zum Anfang eines jeden Lebens.

Vor deiner Geburt.
Ich fragte sie weiter, wie denn unsere Seelen auf diese Welt kommen und wieso die einen so viele gute und andere so viele schlechte Erfahrungen machen.

Wieso es böse und gute Menschen gibt und wie das alles mit der Göttlichkeit zusammenpasst.
Denn oft begreife ich nicht, wieso sich Menschen gegenseitig so viel Leid zufügen, wieso Menschen anderen Lebewesen Leid zu fügen wieso es Kriege gibt. Auf all das gibt es laut den Engeln eine Antwort:

„Wir sind alle Teil des einen Seins, wir Geistwesen, die Menschen, Tiere, Pflanzen, alle. Alle wurden von der einen Energie gesandt, alle wurden von der reinen Liebe auf diese Welt gelassen, um Erfahrungen zu sammeln, Aufgaben zu erfüllen, die Welt in der Balance zu halten.
Jede Seele darf auf die Welt, um ihren Fußabdruck zu hinterlassen und wertvoll für andere zu sein, jeder, ohne Ausnahme ist wertvoll für diese Welt.

Jetzt denkt ihr Menschen sicher, aber die, die Kriege führen, die, die anderen Leid zu fügen, die sind sicher nicht wertvoll, doch auch die.

In der Unendlichkeit gibt es kein Gut oder Böse, es gibt nur das reine Sein, die reine Liebe.

Es gibt keine Bewertung, keine Zeit, keine Verurteilung, nur das ist. Und so wie es ist, ist es.

Alles andere setzt der Mensch selber drauf, es entsteht das Ego, der Mensch beurteilt, bewertet auf den Grundlagen, die er von klein auf eben mitbekommen hat, er identifiziert sich damit, obwohl er eigentlich viel mehr ist. Ego kann beleidigt sein oder sich gedemütigt fühlen daraus kann Hass oder Rache entstehen, das Ego der Menschen kann oft riesige Dimensionen annehmen, wenn man es lässt, es wird genährt durch Missgunst, Neid, Gier und andere negative Gefühle.

Aber nun zurück zu deiner, ja deiner ganz eigenen Entstehungsgeschichte.

Es gibt also das eine Sein, das aus dem alles Leben kommt und da bist auch du herausgeschlüpft.
Stell dir eine große, leuchtend weiße Masse vor. Das ist das Sein. Es kann in deinen Gedanken jede Form haben.
(Denn das Sein ist eigentlich Formlos es ist überall und doch nirgendwo greifbar)

Dieses weiße Gebilde lässt nun immer wieder kleine Lichtschnipsel los wobei immer noch ein kleiner weißer Faden zu dem Sein Bestehen bleibt, es lässt nie ganz los und diese Lichtschnipsel bekommen von der Urenergie, die sie losgelassen hat, ja nennen wir es Informationen mit, nun reist dieser Schnipsel mit Informationen in Richtung Erde, es braucht nun den richtigen Platz um zu keimen denn die Informationen müssen auf den richtigen Platz auf der Erde. Und schon wird wieder ein Mensch, ein Tier oder eine Pflanze geboren. Und dieser weiße Faden bleibt bestehen; er verbindet nun Körper, Seele und Geist mit dem einen Sein und der Mutter Erde; er bleibt den gesamten Zeitrum des Erdaufenthaltes bestehen.

Vom Sein durch das Kronenchakra durch den Körper, die Füße hinab in die Erde, so wird jedes Leben geboren.

Alles individuelle Teile des einen Seins, des großen Ganzen.

Wir Geistwesen sind genauso durch diesen weißen Faden verbunden, auch wir sind Teile des einen Seins, wir sind die Übermittler, die Aufpasser, die, die immer wieder versuchen zu helfen, wenn wir dürfen. Aber dazu später mehr.

Jetzt ist also eine Seele in ein Menschenkleid geschlüpft und geboren. Das kleine reine Wesen, das Naturgeister und andere Lichtwesen wahrnimmt, das uns alle sehen kann, da es reinen Herzens ist und auch noch keinen Gedanken, noch keine Erfahrung, die den kleinen Menschen geprägt hat. Der weiße Faden nach oben ist klar und deutlich, der kleine Mensch spürt bereits Liebe, Zuneigung und Wärme, aber auch Kälte und Ablehnung, es weiß intuitiv wann es was zu Essen braucht oder Durst hat, es weiß auch intuitiv, dass es dann laut werden muss, damit es gehört wird und seine Bedürfnisse befriedigt werden.

Das heißt also, Menschen kommen auf die Welt und haben bereits ab der ersten Sekunde Empfindungen und Intuition. Sie wissen genau, was zu tun ist, um zu erreichen was es benötigt, um zufrieden zu sein.

Dann werden die Menschen älter, sie werden geprägt von Erfahrungen, anderen Menschen, Umständen usw. und der Faden nach oben wird dünner, er reißt nie ab, aber er wird dünner.

Die beste Nachricht ist aber, man kann die Anbindung wieder aufleuchten lassen.
Und das ist ganz einfach. Fang wieder an, auf dein Gefühl zu hören, und das beginnt bei den kleinsten Dingen im Leben.

Die Frage beginnt morgens am Kleiderschrank, zieh an, wonach dir ist und es wird an dem Tag belohnt werden.

Jeder Mensch hat zu jeder Situation den ganzen Tag über ein Gefühl, eine erste Intuition und wenn sie noch so klein ist. Aber das zu trainieren ist so wichtig für das Leben, um wieder glücklich zu sein. Und das zweite Werkzeug ist: Was will ich in meinem Leben wirklich?

Die meisten Menschen sind sich nur dessen bewusste, was sie nicht wollen, aber das, was sie wollen, rückt in den Hintergrund die meisten konzentrieren sich auf das, was sie nicht haben wollen und halten diesen Lebensumstand damit fest, werde dir bewusst was du wirklich willst und konzentriere dich darauf, freue dich darauf und stelle dich schon in die Situation, du willst ein neues Auto? Fahre es bereits, jeden Tag in deinen Gedanken, fühle dich hinein wie es sich anfühlt und irgendwann ist deine Ausstrahlung so stark das Leben wird dir liefern, und sobald Zweifel aufkommen nimm diese an und verkörpere sie sag ja Zweifel ich verstehe dich, dass du hier bist. Es ist okay aber ich weiß, es wird trotzdem geschehen und bringe dich wieder in den Zustand als wäre es bereits geschehen. Bade in diesem Gefühl, und bedanke dich dafür, dass es so ist.

Das Danken ist das Bezahlen ans Leben; die Energie, die von einem Danke aus dem Herzen ausgeht, ist so mächtig und kraftvoll, dass sich die Unendlichkeit davon nährt und gerne liefert.

Mit einem Danke sagst du außerdem aus, dass es bereits so ist; man bedankt sich ja sonst auch nur für bereits geleistetes.

Mache zudem das Geld zu deinem Freund, reiche Menschen, die charakterlich nicht so toll sind, sind nicht wegen des Geldes so, sie hätten so und so diesen Charakter; das Geld kann dafür am allerwenigsten. Also streiche diesen Gedanken und diesen Glaubenssatz "Geld verdirbt den Charakter" das stimmt nicht, das ist ein Missbrauch der Geldenergie und das ist nicht fair. Das Geld ist einfach eine Energie und bleibt dort, wo sie geschätzt wird und wenn ein Mensch, der Böses, tut dem, Geld die Liebesenergie gibt, bei er es sich wohl fühlt, kann das Geld immer noch nichts für den bösen Menschen.

Also trennt in euren Gedanken Geld mit etwas Schlechten in Verbindung zu bringen. Geld will nur willkommen geheißen werden. Doch wenn jemand davon ausgeht, dass Geld den Charakter verdirbt, bleibt es dort fern, denn der Mensch lehnt es unterbewusst ab. Doch das ist nicht der Fall, Geld ist Energie, Energie ist überall, Geld folgt nur der Resonanz, also macht euch das Geld zum Freund, und es wird kommen und bleiben. Macht Geld in euren Gedanken frei von negativen Verknüpfungen, betrachtet es positiv stell dir vor was du Tolles mit viel Geld kaufen kannst und wie du dich dabei fühlst, bedanke dich dafür und es wird kommen.

Du fragst dich jetzt sicher, um welchen Zeitraum es sich handelt. Bei Menschen die frei in ihren

Gedanken sind und nichts für unmöglich ansehen wird es sehr schnell gehen, denn sie sind nicht überrascht, wenn von heute auf morgen ein neues Auto oder was anderes, was sie sich herbei bedankt haben vor der Tür steht. Jeder andere wäre schlichtweg erschlagen, wenn es so schnell geht und könnte es nicht glauben, nicht annehmen. Also kurz um für jeden kommt es in dem Tempo, in dem er es glauben kann.

Denn die geistige Welt will ja niemanden zu seinem Glück zwingen oder gar damit überwältigen. Wir alle wollen nur helfen.

Und fangt an euch von den Fesseln der materiellen Welt zu befreien. Hört auf euch zu versklaven für Dinge, denn selbst Jesus sagte:

„Der Sabbat ist für den Menschen da nicht der Mensch für den Sabbat."

Diesen Satz könnt ihr auf alles anwenden. Das Geld ist auf der Erde, um den Menschen zu dienen und nicht andersherum. Der Mensch kam auf die Welt, um Erfahrungen zu sammeln und sein Leben zu leben, das ihm Glück bereitet damit sich seine Seele voll und ganz ausbreiten kann. Deshalb gab Gott das Sein, auch kleine Teile vom unendlichen Paradies hinunter auf die Erde, um vom unbewussten Sein ins bewusste Sein zu kommen, Gottes Teile, die Seelen ,die oben beschriebenen Lichtschnipsel kamen auf die Erde um bewusst dieses unendliche Glück, diese unendliche Liebe und Fülle zu fühlen, zu erleben und diese Erfahrung mitzunehmen.

Werde dir bewusst, dass du unendlich bist, dass du nicht nur von Gott oder dem einen Sein gesandt wurdest, sondern ein ungetrennter Teil dessen bist. Du bist ein Teil Gottes, ein Teil der Unendlichkeit und dieser Teil wird immer leben, dafür gibt es keinen Tod; irgendwann, wenn deine Erfahrungen gesammelt sind, wirst du deinen Körper ablegen, aber du selbst wirst niemals sterben, du gehst wieder nach Hause, nicht mehr und nicht weniger.

Du wirst nicht merken, wenn du aus dem Körper trittst, denn Unendlichkeit bist du bereits, es wird sich für dich nichts ändern.

Jeder Mensch ist übersinnlich, denn jeder Mensch ist ein Teil von Gott."

Das heißt Wir alle können uns auf unsere Intuition und unsere Gefühle verlassen, das ist also unsere Anbindung unser „Draht " nach Oben.

Wenn wir nun beginnen wieder mehr auf unser Inneres zu hören und dem wieder mehr Beachtung zu schenken kehren wir wieder mehr zu unserem Ursprung zurück. Ebenso hilft es uns, auf die Bilder vor unserem dritten Auge die wir sehen zu achten oder die Botschaften, die wir erhalten wahrzunehmen.

*

Wahrscheinlich hatten wir alle schon mal den Moment, als wir dachten, hab ich mir das jetzt eingebildet oder war da wirklich was.

Manchmal hört man eine Stimme, die sich nicht anhört, wie die eigenen Gedanken und man weiß, das kam jetzt von woanders.
All das dürfen und sollten wir ernst nehmen.

Jedes kleinste ungute Gefühl ernst und als Warnung nehmen.
Ebenso tut es uns sehr gut, wenn wir unsere Geistesbegleiter um uns herum wieder wahr nehmen.

Denn wie wir bereits wissen, vermitteln sie oft zwischen den Welten. Wenn wir ihre Hilfe gerade nicht brauchen, dürfen wir uns aber auch einfach daran erfreuen.

*

Ich liebe es in den Wald zu gehen und das Leben dort zu beobachten. Es schenkt einem unglaublichen Frieden und Ruhe. Jeder Besuch im Wald fühlt sich an, als würde der innere Reichtum wachsen.
Bin ich bewusst im Wald und lasse mich auf alles ein was kommt, dann kommen die schönsten und wunderbarsten Beobachtungen zu Stande.

Wenn ich bei uns im Wald unterwegs bin, sehe ich oft das rege Treiben der Naturgeister, es ist herrlich zu beobachten und diese Schwingung wahrzunehmen. Wenn sie sich um den Wald und dessen Bedürfnisse kümmern.

Sie gleichen die Energien der kranken Bäume aus, Zeigen den Tieren Wasserstellen oder strahlen einfach nur mit ihrer Präsenz und schaffen neue Kraftplätze.

Diese kleinen Wesen sind alle für unterschiedliche Dinge zuständig damit unser Ökosystem auch aus energetischer Sicht funktionieren kann. Es ist die perfekte Symbiose aus Tieren, Pflanzen, Pilzen und den Naturgeistern. Alles geht Hand in Hand.

Es ist eine Einheit, ein Organismus.
Lass es zu, dass du es auch sehen kannst und sie werden sich dir zeigen. Öffne dich der wunderbaren Welt der Geistwesen und du wirst beflügelt von dieser Energie. Geh in den Wald, in die Natur und schau dich um. Lasse dich drauf ein und lass dich berieseln von dem was du wahrnimmst. Lass dich einfach treiben, dein Innerstes weiß den Weg.

*

Wir meinen oft, das sind doch nur Fantasiebilder, doch das sind Bilder von unserem dritten Auge. Denn mit diesem können wir in die geistige Welt blicken. Das konnten wir schon immer. Es gibt nämlich einen bedeutenden Unterschied zwischen dem, was wir uns vorstellen, was unserer Fantasie entspricht und dem was wir mit dem Dritten Auge sehen. Bilder die in unseren Gedanken projiziert werden kosten eine gewisse Anstrengung, wir sind dann auch voll und ganz in unseren Gedanken. Bilder die wir mit unserem dritten Auge sehen, nehmen wir einfach nur wahr, und wir sind dabei nicht in Gedanken. Wenn du ein bisschen ein Gespür entwickelt hast, weißt du, was du dir vorstellst und was du gerade durch dein drittes Auge siehst.

Ebenso ist es wenn du draußen bist und den Geräuschen der Natur lauscht, wirst du zwischen dem was deine Ohren hören und deinen eigenen Gedanken noch etwas anderes wahrnehmen können. Es sind ebenfalls die Naturgeister oder unsere Geistbegleiter, denn sie kommunizieren über Frequenzen die wir mit unserem inneren Ohr wahrnehmen können. Vielleicht braucht es ein bisschen Übung darin, doch wenn du dich darauf einlässt, wirst du sie auch hören können.

Ich durfte in meinem Leben bereits viele Geistwesen und deren Geschichten kennenlernen.

Jede von Ihnen ist etwas ganz besonderes, ebenso wie die vielen Tierkommunikationen oder Gespräche mit Seelen.

Es ist immer wieder erstaunlich wie viel offenbart wird und dass man jedes mal für einen selbst etwas lernen darf.

Ich bin sehr dankbar für jede einzelne Erfahrung und jedes einzelne Gespräch. Es ist ein Gefühl der inneren Fülle und eine Ehre, dass ich bereits oft der Vermittler zwischen den Welten sein durfte und freue mich auf jede weitere Erfahrung und jedes weitere Gespräch.

Nun ein kleiner Ausschnitt aus den verschiedenen Gesprächen und den wundervollen Geschichten der anderen Welt.

*

Ich war 9 Jahre alt, als unsere Klassenlehrerin an Halloween eine Fackelwanderung geplant hatte.

Wir waren alle sehr aufgeregt und haben uns gefreut, denn so spät noch Wandern zu gehen ohne Eltern war natürlich etwas ganz besonderen.

Wir trafen uns also gegen 20 Uhr an unserer Schule, alle hatten einen Rucksack mit Proviant dabei. Wir hatten ausgemacht uns nicht zu verkleiden, da wir die ursprüngliche Bedeutung von Halloween in der Schule durchgenommen hatten weshalb wir auch die Wanderung machen wollten. Sie hatte eine Wanderung zu einer nahe gelegen Keltenschanze geplant, mit Pausen waren wir ca. 2 Stunden unterwegs.

Es gab feste Regeln an die wir uns hielten. Wir sollten immer zu zweit gehen und immer in einer Reihe, niemand durfte abseits vom Weg gehen und auch nicht hinten bleiben.

Voller Spannung gingen wir also los, immer wieder hielten wir an und unsere Lehrerin erzählte uns Gruselgeschichten. Sie wollte, dass es spannend blieb, doch als Kind mochte ich das nicht, denn ich war eher ein ängstliches Kind und das löste in mir Gefühle aus, mit denen ich nicht umgehen konnte. Was dann noch dazu kam war, dass ich die ganze Zeit das Gefühl hatte, dass uns etwas folgte. Doch wenn ich mich umdrehte war da niemand.

Es war seltsam, denn das Gefühl der Unsicherheit blieb, andauernd lief mir ein Schauer über den Rücken.
Das ungute Gefühl blieb daher.

Im Wald, an der Schanze angekommen , brannten dort bereits viele Lichter.
Ein leichter Wind ging und man spürte die Spannung in der Luft, es war eine ganz besondere und mystische Stimmung.
Unsere Lehrerin und die Begleitperson die noch mit ging, erzählten uns noch alte Geschichten der Kelten und was das für ein besonderer Ort war.

Es war toll und zugleich beängstigend. Denn auch wenn scheinbar niemand da war, man sah immer wieder einen Schatten huschen, irgendwie machte es mich neugierig, doch ganz genau wollte ich dann auch nicht nachsehen, vor allem, da die anderen Kinder mit denen ich sprach nichts bemerkt hatten.

Als wir zurück wanderten, ließ es nicht los, irgendwas war doch da und dann sah ich es endlich, das was uns die ganze Zeit verfolgt hatte, ein Wesen. Groß Dunkel, mit einem Umhang um.

Doch niemand sonst schien es zu sehen, niemand nahm es war, aus Angst ausgelacht zu werden erwähnte ich es nicht.

Heute weiß ich es war wohl so etwas wie ein Waldgeist, der aufgescheucht wurde weil wir seine Ruhe störten.

Ich glaube er wollte uns nichts tun, doch seine Präsenz war beeindruckend, er hat wohl aufgepasst, dass niemand Unfug im Wald trieb.

Dass die Nacht nicht nur wegen dem, was unsere Lehrerin organisiert hatte besonders war, darüber waren sich jedoch am nächsten Morgen alle einig.

*

2019 entschlossen wir unsere Zelte in unserer alten Heimat abzubrechen und einen Neuanfang im niederbayerischen Rottal zu wagen. Wir kauften uns einen kleinen Hof und lernten langsam die Gegend kennen.

Mir fiel von Anfang an auf, dass hier ziemlich viele Wesen unterwegs sind.

Was mir aber besonders auffiel, waren die Ritter, die hier standen. Und zwar immer wieder Gebietsweise. An vielen Höfen hier standen sie da, wie Wachen, in vielen verschiedenen Farben.

Der erste der sich zeigte war ein Ritter ganz in Gold, er war auf einmal da als ich mit unserem Hund im Wald spazieren ging, er ritt ein Stück neben mir und begleitete mich eine Weile. Es fühlte sich an, als wäre er aus reinem Gold, er strahlte so viel Wärme aus, dass mir ganz anders wurde. Es war auf einmal so viel Schutz und Frieden in mir.

Ich fragte ihn was er hier macht, er zeigte übers Tal und sagte wir sind Viele, jeder hat ein Gebiet, auf das er acht gibt, das ihm zuteilwurde.

Und tatsächlich, die darauf folgenden Wochen und Monate begegneten mir immer mehr, bei uns auf dem Hof stand einer an der Einfahrt in Silber, beim nächsten Hof einer in Blau, in einem anderen Waldstück war einer in Schwarz.

Es schien, als müssten sie sich einfach zeigen, wofür auch immer. Die meisten sind nicht sehr gesprächig sie sind einfach da und strahlen mit ihrer Präsenz.

*

Ein anderer magischer Ort, den ich für mich entdeckt habe, zu dem es mich auch immer wieder hinzieht,
ist die Veste Oberhaus in Passau.
Das erste Mal auf der Veste Oberhaus in Passau umgarnte mich bereits ein Gefühl von Heimat und Wohlbefinden; es hatte etwas Mystisches.

Burgen und Schlösser tragen im Allgemeinen viele Geschichten mit sich herum, bekannte oder auch weniger bekannte.

Doch auf der Veste Oberhaus findet Leben statt.
Nicht nur das Leben, was wir sehen, sondern es spielen sich immer noch Geschichten und Leben von früher dort ab.

Jedes Mal, wenn ich dort bin, zeigt sich eine andere Zeit und eine andere Geschichte, es geht meistens um eine Hauptperson und deren Leben, oder deren Erfahrung. Oft finde ich dort Antworten auf Fragen die mein Leben betreffen, ich bekomme wertvolle Ratschläge aus längst vergangen Zeiten. Und manchmal werden mir einfach die Augen geöffnet wie wunderschön das Leben ist.

Es fühlt sich oft so an als ob die Burg den Besuchern die dort gelebten Geschichten erzählen möchte, es ist so lebhaft und echt, dass ich teilweise überfordert bin, alles wahrzunehmen und zu sehen.

Dort ist die Energie so stark und präsent, dass ich oft nicht mal in Trance gehen muss wie bei einem Channeling oder in der Kommunikation mit Seelen. Nein, oftmals ist bereits, wenn ich durch das Eingangstor gehe und noch ganz im Hier und Jetzt bin, bereits das Leben von Früher im vollen Gange.

Es ist ein Reiter oder eine Schar Menschen um mich herum und zeigen mir ihre Geschichte.

Es ist so interessant und herzerwärmend, ich liebe diese Zeit.

Es war die Zeit der Ritter und die Zeit, in der viel Leben auf den Straßen stattfand. Wenn man über das Kopfsteinpflaster läuft, hat man das Gefühl in diese Zeit zurückversetzt zu werden, es fühlt sich an wie eine andere Welt.

*

Einmal war ich dort und ging den schmalen weg Richtung Stadt.

Da saß es, das kleine Mädchen, gekleidet mit einem braunen Leinenkleid und einer weißen Haube auf. Sie hatte eine weiße Schürze um und zeigte mir den Blick durch die kleinen Scharten in der Steinmauer in Richtung Passau Stadt, als ich hindurchsah, sah ich die Zeit von damals wie die Stadt früher war, wie der Handelsweg über die Donau war.

Und welch eine lebendige Zeit und trotz der großen Armut eine Zeit des Miteinanders war, es war herrlich.

*

Einmal war ich bei Nacht dort und sah mir die Geschichte zweier Liebenden an. Die junge Frau war furchtbar unglücklich. Es war eine junge Frau, die in der Küche beschäftigt wurde. Ihr Geliebter war so etwas wie der Hofnarr.

Leider ging er auch mit dem Alkohol nicht sparsam um, er bemerkte nicht, wie er sie nach und nach verlor, sie war schwanger von ihm, doch er wusste es nicht. Die junge Frau wurde von ihrem Vater nach Österreich verheiratet. Wenn man dort auf der Burg steht, sieht man die Richtung ihrer damaligen Heimat.

Sie setzte sich zu mir und erzählte mir, dass sie einen feinen Herrn heiratete, ihr Kind in Österreich gebar und ihr angetrauter Ehemann das Kind wie sein Eigenes aufzog.

Sie liebte ihn nie so sehr wie Ihre erste große Liebe, den Hofnarren, sie gab mir mit auf den Weg, für das zu kämpfen, was einem wichtig ist, sich selbst dabei aber niemals zu verlieren, denn sonst würde man nicht glücklich werden.

Da sie sich lange Zeit einredete, dass der Hofnarr ihre Zukunft sei wurde sie immer unglücklicher, sie kämpfte sehr lange um ihn, doch er wollte sich nicht ändern, und so ging sie fort und fand ihr persönliches Glück, auch wenn die Liebe zu ihrem Mann eine andere war, erfüllte diese sie voll und ganz und sie durfte ein schönes Leben führen.

Doch auch im Hier und Jetzt gibt es wunderschöne Botschaften die uns die Geistige Welt zeigt.

Was dabei wirklich faszinierend ist, sind die Dinge die uns unsere Tiere zu erzählen haben, sie sehen uns nämlich von einer ganz anderen Seite, so waren mir meine Fellnasen schon oft ein guter Ratgeber, aber auch in den Gesprächen mit den Tieren meiner Kunden stelle ich immer wieder fest, dass es oft die offensichtlichen Dinge sind, die wir Menschen in unserem Alltag nicht wahrhaben wollen.

*

So war es also, dass wir durch eine Tierkommunikation erfahren durften, das Leben aus der Perspektive des Tieres zu sehen und im Hier und Jetzt zu Leben.

Unser damaliger Hund Benny mahnte uns, dass wir viel zu schnell spazieren gingen und der Welt um uns herum keine oder zu wenig Bedeutung schenkten.
Er machte oft Pausen bei den Spaziergängen und schaute in die Ferne. Ich dachte oft es ist sein Alter und dass er wahrscheinlich nicht mehr schneller kann, doch es war anders. Er liebte die Momente inne zu halten und die Schönheit der Natur wahrzunehmen.

Als ich das erfuhr, was der eigentliche Grund für seine Pausen war, machten wir das von nun an zusammen. Wir machten während der Spazierrunde immer wieder Pause und nahmen die Umgebung und deren Schönheit wahr.

*

Ebenso waren es meine Tiere und die Gespräche mit anderen Tieren und Seelen, die mir die Angst vorm Tod nahmen. Ich durfte bereits des öfteren Seelen ins Licht begleiten und einen kurzen Blick nach da Drüben werfen. Es ist einfach wundervoll. Auch die Seelen die ihren Körper nicht mehr bewohnen erzählen vom Licht.

Es sind immer ähnliche Geschichten.
Man soll sich keine Sorgen machen, denn jetzt geht es ihnen gut. Der schwere Körper der zum Schluss so eine Belastung war, ist weg.
Die Leichtigkeit ist da.

Es fühlt sich immer wie ein Durchatmen an, ja wie eine Befreiung. Wenn der Körper schwer wird auf Erden und voll ist von Schmerz und Krankheit, habe ich gerade bei den Tierkommunikationen gemerkt, dass sie bereits wissen, was ohne Körper auf sie wartet.

Tiere haben selten Angst vor dem Übertritt, die meisten wollen gehen sobald man merkt, dass keine Besserung mehr in Sicht ist. Da Tiere im Hier und Jetzt Leben, ist es für sie oft mehr Quälerei wenn man weiß, dass es nicht mehr anders wird.

Tiere nehmen den Tod nicht als schlimm wahr, denn sie wissen ja was auf sie wartet. Die meisten bleiben tatsächlich uns zu liebe und halten länger durch als wenn es uns nicht geben würde.
 Für sie ist das aber nicht schlimm, denn die Liebe trägt sie durch diese Zeit.

*

Doch es sind nicht nur diese besonderen Orte, oder die Gespräche mit der geistigen Welt die uns immer wieder vor Augen führen, dass es noch, was anderes gibt, als das, was wir mit unseren menschlichen Augen sehen.

Die Magie steckt auch im Alltag. Wenn wir uns öffnen und es geschehen lassen werden wir täglich kleine Wunder wahrnehmen und sehen.
Denn sie sind immer um uns, unsere Helfer nicht nur in besonderen Situationen oder bei Gefahren.

Es ist oft gerade der Alltag, der uns immer wieder vor Herausforderungen stellt, dabei bräuchten wir doch nur bitten, abgeben und uns bedanken. Schon wäre alles viel leichter.

*

Als wir uns entschlossen haben einen neuen Hof zu kaufen, machten wir uns erst verrückt, denn der Immobilienmarkt war ziemlich leer, und wenn war alles sehr überteuert. Doch der Wunsch und das Gefühl wegzugehen und endlich alleine ohne Nachbarn zu wohnen war einfach größer, unser Gefühl dort wegzugehen und die Intuition einen neuen Weg zu gehen, wurde schließlich so groß, dass wir beschlossen es zu wagen.

Freunde und bekannte wussten Bescheid und die meisten hielten uns für verrückt, wir sollten doch mit dem zufrieden sein, was wir haben. Das waren wir und wir waren sehr dankbar doch der innere Drang zu gehen war eben größer und wir wussten, es wartet das Richtige auf uns.

Wir haben aufgeschrieben, was wir uns vorgestellt haben, was sich gut anfühlt und haben den Wunsch nach oben abgegeben, ich wusste ebenso ganz tief in mir, wir mussten erst verkaufen und dann öffnen sich neue Tore und Wege. Erst, wenn das Alte abgeschlossen ist, hatte das Neue platz. Und so war es.

Wir haben nach oben abgegeben, dass die perfekten Leute kommen und den kleinen Hof kauften und so war es, ich stellte eine Anzeige online und die zweiten, die zur Besichtigung kamen, waren letztlich die Käufer, alles ging ganz schnell, es war Mai.

Wir haben uns bis 15. Oktober Zeit gegeben, um auszuziehen. Wir hatten noch nichts Neues in Sicht, und es sah auch erst einmal nicht danach aus, als würde noch etwas kommen. Doch ich ging jeden Tag in unsere kleine Kapelle und bedankte mich, dass der perfekte Hof zu uns gekommen ist und bedankte mich für das perfekte neue Zuhause, jeden Tag sprach ich mein Gebet und bedankte mich, dass wir das neue Zuhause haben, ich bedankte mich auch für alles andere in meinem Leben.

Nach 6 Wochen rief uns ein Nachbar an er würde uns gerne was zeigen. Er hat einen Hof für uns gefunden. Dort angekommen schien alles perfekt, am Waldrand in Alleinlage, groß genug um sich komplett zu verwirklichen. Und es lief wie am Schnürchen, der Notartermin wäre noch ein kleines Problem gewesen, der war ursprünglich geplant zum September und zur Erinnerung zum 15. Oktober mussten wir raus sein. Also hab ich alles nach oben abgegeben, dass wir bitte früher einen Termin bekommen und genügend Zeit haben, um alles herzurichten.

2 Tage später kam ein Anruf vom Notar, dass jemand abgesagt hat, ob wir

vielleicht in 2 Wochen schon kommen könnten.

Perfekt danke ihr lieben Helfer.
Wir hatten alles in allem also für alles Zeit und die letzten Möbel sind tatsächlich am 15. Oktober raus. Wenn wir also unsere Probleme nach oben abgeben, wird uns geholfen, und zwar so, dass es für uns am besten ist.
Jedes Mal.

Ich will und werde niemandem raten, auf Risiko zu gehen, bitte nicht.
Doch ich würde jedem empfehlen, auf sein Gefühl zu hören, nicht auf seine Wünsche, die im Kopf entstehen, nicht auf die Dinge, die man unbedingt haben will, sondern auf die Intuition. Den Unterschied merkt man ganz leicht, die Intuition gibt, dir ein gutes, warmes Gefühl, sie ist nicht laut, sie ist nicht aufdringlich, sie ist einfach da.

Der Wunsch im Kopf, wenn wir uns einbilden, was haben zu wollen, der ist laut und schreit, ist aufdringlich; die Intuition ist einfach da, lässt nicht locker, aber ist auch nicht aufdringlich; du weißt einfach, es ist richtig.

Wenn wir wieder lernen auf unser Gefühl zu vertrauen und unserer inneren Stimme zu folgen werden wir unser wahres Potenzial wiederfinden und unser Leben wird sich ändern. Lerne wieder still zu sein, erzähle nicht alles, was du denkst oder fühlst, es bedarf nicht allem Aufmerksamkeit zu schenken. Lerne zu unterscheiden was wichtig ist für dich und was nicht. Lenke deine Energie auf positive Gedanken aber erzwinge sie nicht. Wenn du dir Sorgen machst oder über Dinge grübelst, die dich eigentlich nichts angehen oder dich belasten obwohl es nicht deine sind, erinnere dich an alles Schöne in deinem Leben lass es los und komme zurück in den Augenblick. Achte auf deine Umgebung, schau, was es alles zu entdecken gibt und erfreue dich an deinem Leben. Du wirst sehen, deine Laune wird sich im Nu heben.

Dein Mindset zu ändern beeinflusst nicht nur dein Gemüt, sondern auch deine Gesundheit, physisch und psychisch.

Nimm dir jeden Tag Zeit für dich und wenn es nur die Phase vor dem Einschlafen ist.

Lege dich bequem hin und stelle dir vor, wie du einen leeren Raum einrichtest. Ganz egal wie, aber so dass für dich ein Ort entsteht, der nur dir gehört.

Ein Ort der Liebe, der Freude und der Wärme. Ein Ort, an dem du dir vorstellen kannst zu heilen, wenn du krank bist. Ein Ort an dem deine Seele sicher und geborgen ist.

Richte ihn dir ein und gehe dort hin, immer wenn du gerade daran denkst oder Kraft brauchst. Es kann ein besonderer Platz im Wald sein oder ein Platz am Strand, egal was es ist, in deinen Raum kommt außer dir niemand hinein, und diesen Raum wird nie jemand anderes sehen als du. Genieße es.

Den Raum kannst du auch nutzen, wenn du z. B. mit einer Grippe im Bett liegst. Stell dir vor, wie du dort bist und stelle dich dir selbst vor, wie du fröhlich und gesund in diesem Raum bist, an diesem Ort.

Du wirst sehen, es wird dir guttun.

Wie gehen wir eigentlich mit negativer Energie um? Zum Beispiel die negative Energie von anderen Menschen?
Oder mit Enttäuschung?
Es gibt Momente und/oder Menschen im Leben, die einem begegnen und in deren Gegenwart man sich schlecht oder unwohl fühlt. Vielleicht wurde man enttäuscht, belogen, gekränkt oder jemand tat einem ganz andere Dinge an.

Um mit uns selbst im Frieden zu sein und abschließen zu können, dürfen wir lernen diesen Menschen zu verzeihen, ganz egal wie schlimm ihre Tat für uns war.

Ich weiß, das ist schwer vorstellbar und unser Kopf, unsere Gedanken, unsere Emotionen sprechen eine andere Sprache, dennoch ist der Weg zu verzeihen wichtig, um in uns Frieden zu finden.

Die einfachste Art, dies zu schaffen ist, dass wir diese Menschen segnen.

Wenn mir jemand Unrecht tat, denke ich an den Menschen, lege meine Hand auf den Oberschenkel und spreche folgende Worte:

„Liebe/Lieber (Namen einfügen) ich segne dich und deine Taten. "

Manchmal muss ich es auch wiederholen, doch von Mal zu Mal merke ich, wie in mir Erleichterung und Frieden einkehrt. Denn in diesem Moment des Segnens neutralisieren wir die negativen Gefühle und die negative Energie die dabei mitschwingt.

Negative Gefühle können sehr kraftvoll sein und sie rauben uns Energie. Deswegen ist das Verzeihen für uns selbst so wertvoll und wichtig.

Auch die Neutralität zu diesen Situationen oder zu den Menschen, mit denen wir Ärger hatten, denn damit kehrt in uns wieder Ruhe und Frieden ein.

Wir können im Übrigen alles segnen, auch Situationen oder Probleme.
Orte an denen wir uns unwohl fühlen oder auch Situationen, vor denen wir Angst haben und bevorstehende Ereignisse, segne es mit der Bitte um einen für dich perfekten Ausgang und bedanke dich, du wirst sehen, alles regelt sich zu deinem Besten.

Nun noch eine kleine Übung zum Entspannen und Stressabbau. Lies dir die Zeilen durch und gehe dann in Gedanken Schritt für Schritt durch. Und wenn du was vergisst, ist es nicht schlimm.

Es darf dich ja entspannen und soll den Stress von dir weghalten. Nimm dir einen Augenblick für dich und lege oder setze dich bequem hin. Am besten so, dass du auch dabei einschlafen könntest. Gehe als erstes in Gedanken in den Raum der Heilung, den du dir zuvor wie oben beschrieben gestaltet hast. Und Atme ein paar Mal tief ein und aus.

*

Atme Vertraue Lasse los

Gehe in deinen Raum der Heilung
Lass es in dir ganz still werden.

Atme

Zentriere deinen Geist in der Mitte
deines Körpers.

Atme

Der Lärm im Außen, der Lärm deiner
Gedanken wird immer leiser.

Atme

Konzentriere dich nur auf deinen Bauch
und deine Atmung, wo fließt sie hin?

Atme

Es ist ein Raum der Heilung, in dir ist
alles was du brauchst.

*

Ich betrat den Raum der Stille in mir und fragte danach, welche Botschaften ich noch in das Buch schreiben darf, die für uns Menschen von hoher Bedeutung sind?

Es meldeten sich Erzengel Samuel und Erzengel Raphael zu Wort.

Sie standen vor mir und sprachen, doch ich hörte sie nicht, ich sah sie sprechen, doch es kam keine Information an. Lag es an der Baustelle vor meinem Fenster?

Nein, es war der Lärm in mir, der ihre Stimmen nicht durchdringen ließ, ich dachte ich sei frei, doch mein Kopf war voll. Es fühlte sich sehr anstrengend an in die Ruhe zu kommen. Für mich war klar, ich kann nicht schreiben, nicht hören, wenn draußen so viel Lärm ist.

Doch die Beiden lehrten mich des Besseren.

Ich zentrierte mich und befreite mich von meinem inneren Lärm und plötzlich war es im Außen auch ganz ruhig.
Und Ihre Botschaft war:

„Oft machen sich Menschen etwas vor, sind verkopft und denken die Lösung bereits zu kennen. Es ist zu laut, zu laut für ihre Seele, dabei ist es egal, was im Außen ist, es ist egal, welche Maschinen laufen, oder wer arbeitet. Wenn der Lärm in deinem Kopf zu groß ist, dann kann es in dir nicht ruhig genug werden. Doch Ruhe ist sehr wichtig für euch, dabei meinen wir nicht die hörbare Ruhe sondern die Ruhe in euch.

Nehmen wir Schlafprobleme, viele Menschen nehmen den Alltag, die Arbeit, Streit, Sorgen und Nöte mit ins Bett. Oftmals sind es noch nicht einmal die eigenen. Sie machen sich Gedanken über fremde Leben und denken an Lösungen und wundern sich dann, wenn sie nicht schlafen können. Das Alles muss die Seele während der Nacht verarbeiten und ihr seid am nächsten Tag nicht erholt und dort geht dann das Gedankenkarussell weiter und auf eine Lösung seit ihr trotzdem nicht gekommen. Eure Seele kennt die Antwort auf all eure Fragen, doch ihr hört ihr nicht zu, ihr gebt ihr keinen Raum und keine Zeit. Ihr schenkt ihr kein Gehör keine Ruhe. Quält euch nicht mit Gedanken was hätte sein können, malt Euch keine Szenarien aus die, eh nicht eintreten. Denn all das sind Energien, die euer System verarbeiten muss. Wenn ihr merkt, dass ihr euch gerade Probleme erschafft oder Sorgen MACHT dann geht in euch, atmet ein und konzentriert euch ein paar Atemzüge auf euren Bauch, lächelt und kommt wieder ins Hier und Jetzt. Stellt nun fest, ob das Problem real ist oder ob ihr euch das gerade ausmalt. Beim Ersten atmet wieder tief ein, bittet um Hilfe und eine Lösung, die für euch und alle Beteiligten perfekt ist und bedankt euch, dass ihr Hilfe erhalten habt, atmet durch und macht weiter.

Wenn ihr euch das Problem nur erschaffen habt, weil es vielleicht so kommen könnte, schickt den Gedanken weg und sagt euch, es wird immer das Beste für mich geschehen, bedankt euch und macht weiter.

Wenn ihr jedoch vor dem Schlafengehen euer Handy ausmacht, euch ins Bett legt und den Tag sowie alle Gedanken aus eurem Kopf schiebt, habt ihr wieder die Zeit und die Freiheit in euch, erholsam zu schlafen. Macht euch frei und leer. Wenn euch das schwerfällt, konzentriert euch auf eure Atmung und geht in Gedanken euren Tag und euer Leben durch und bedankt euch für das, was schön ist und war.

Und dann schläft ihr ein, mit einem positiven Gefühl.

Es gibt auch Menschen, die aufgeweckt werden, mitten in der Nacht.

Wieso, fragt ihr euch?
Wieso werdet ihr oftmals zur gleichen Uhrzeit geweckt?

Weil wir Geistwesen gerne mit euch kommunizieren würden, doch das geht nicht am Tag; wenn ihr euch keine Zeit für euch nehmt. Dann müssen wir in der Nacht anklopfen und mit euch kommunizieren und wenn es wichtig ist, oftmals sehr intensiv.

Wenn ihr das Gefühl habt, ihr seid wie elektrisiert und könnt nicht wieder einschlafen, seid nicht genervt, meist steckt etwas Wichtiges dahinter. Setzt euch auf, nehmt Papier und Stift zur Hand und fragt, um was es geht. Der erste Gedanke das erste Gefühl oder Bild was euch in den Sinn kommt, ist das Thema um das es geht, das gerade wichtig ist für dich. Auch wenn es dir gerade noch so sinnlos oder unverständlich erscheint, nimm es an. Schreib es auf oder zeichne es, bedanke dich für die Information und lege dich schlafen. Es wird Ruhe einkehren, denn wir wurden gehört.

Nimm dir am nächsten Tag nun Zeit für dich und frage gerne wieder, wenn du nicht bereits schon weißt, um was es geht und bitte um weitere Informationen, oder einfach um eine Lösung dieses Themas.

Manchmal musst du gar nicht wissen, um was es geht, dein Unterbewusstsein weiß es und wir brauchen oftmals nur die Erlaubnis, das Problem für dich zu lösen. Bitte dann ganz einfach darum, dass es gelöst wird, wer auch immer gerade zuständig dafür ist und bedanke Dich, dass es erledigt wurde."

*

Ich hatte eine Frage die mich brennend interessiert hat, oder sollten wir uns lieber mit einem Thema beschäftigen, das gerade so allgegenwärtig ist und trotzdem weit weg?

Viele von uns haben Angst vor dem Krieg, Angst davor, dass ein dritter Weltkrieg ausbricht.
Oder auch Angst davor, wie die Zukunft weitergeht.

Doch selbst wenn der Krieg ausbricht, trifft es denn dann alle Menschen?

Die Worte der Engel waren sehr deutlich:

„Ihr alle habt eines gemeinsam. Und zwar, dass ihr ein ungetrennter Teil Gottes seid und dennoch darf jeder seine eigenen Erfahrungen machen. Also ist nicht jede Seele davon betroffen.

Es werden die Seelen, ob Mensch oder Tier davon betroffen sein, die es als Erfahrung mitnehmen wollen. Ihr seid mit einem freien Willen geboren worden und dürft diesen auch leben, deswegen dürfen wir Engel auch nur eingreifen, wenn ihr uns bittet oder wenn ihr dabei seid euren Körper vor eurer Zeit zu verlassen. In euren Worten, wenn ihr in Gefahr seid, zu sterben.

Energie folgt der Aufmerksamkeit, das ist in eurer Welt sogar Wissenschaftlich belegt worden. Das heißt also ihr könnt mit eurem freien Willen euch dafür entscheiden, zu leben, glücklich zu Leben und geschützt zu sein wie z.B. vor einem Krieg. Wenn ihr glaubt, ja wenn ihr im Tiefsten eurer selbst wisst, dass euch nichts geschehen kann, denn ihr seid beschützt vor allem, was euch schaden kann, dann werdet ihr immer beschützt sein und immer an einem anderen Ort als dort, wo gerade Krieg ist. Eure Intuition wird euch leiten, wir werden euch helfen an den Punkten, an denen ihr selbst nicht weiterkommt.

Glaubt an uns und gebt eurem Glauben Kraft, ganz egal welche Religion. Ihr alle kommt aus dem einen großen Sein, wie ihr diese unendliche Liebe nun beschreibt, ist euch überlassen, doch glaubt an die Macht, die euch auf die Erde gesandt hat und die euch immer beschützt. Glaubt an euch, dass dieser Funke immer in euch leuchtet und euch beschützt, egal, wo ihr seid. Ihr alle seit ein Teil des einen Seins, und wenn ihr eure Kraft und eure Energie auf das

Schöne im Leben lenkt, dankbar seid für euer Leben und wisst, dass ihr immer am richtigen Ort seid, wisst das alles richtig ist wie es ist, dann ist euer Leben leicht und hell und Leichtigkeit sowie Licht passen nicht zu Dunkelheit und Krieg, deshalb werdet ihr im Außen auch nichts davon mitbekommen, denn es geht nicht in Resonanz miteinander.

Und wenn ihr doch Momente der Angst verspürt, denkt daran, ihr könnt nicht sterben. Am Ende eures Erdendaseins kehrt ihr wieder nach Hause zurück, doch damit seid ihr eh die ganze Zeit verbunden.

Alles ist richtig in der universellen Schöpfung, alles ist richtig in euch. Ihr seid alle eins und doch alle individuell und perfekt auf seine Weise. Jede Seele hat seinen Platz auf Erden, selbst die in euren Augen schlimmen Menschen haben ihre Aufgabe zu erfüllen. Denn nur wenn Schatten und Licht existieren, herrscht ein Gleichgewicht. Jede Seele erklärt sich bereit, andere Erfahrungen zu erleben und andere Aufgaben zu erledigen. Zuhause im reinen Sein gibt es keine Wertung, es gibt kein Gut oder Böse. Es ist einfach."

*

Oftmals blockieren uns Glaubenssätze, die wir von klein auf mitbekommen haben.

Kennt ihr, dass es gerade richtig gut ist, und dann kommt dieser eine Satz in den

Kopf, der taucht einfach so auf, einfach so. Also zurzeit läuft echt alles glatt, so kann es bleiben. Und im selben Moment fährt ein Schauer über den Rücken und es kommt der nächste Satz, na toll, jetzt hast du es ausgesprochen, jetzt wird es wieder schlechter.

Und meistens dauert es nicht lange und tatsächlich ist irgendwas, daraufhin kommt meistens der Gedanken, siehst du, habe ich doch gesagt. Kennt ihr nicht? Super, dann fliegt gerne über diesen Absatz drüber. Kennt ihr?

Dann schauen wir mal, wo das herkommt und vor allem, wieso man sich selbst nicht freuen darf, scheinbar, dass es gerade gut läuft.

Selbstfreude also über sich selbst freuen.

Die Freude über sich Selbst ist wohl die wichtigste Freude, die wir haben können.

Aber wieso fällt es uns so schwer, uns für und über uns selbst zu freuen?

Viele von uns kennen wohl diese Sätze „Freue dich nicht zu früh sonst wird es nichts. "
Oder: „Wenn man sich zu sehr freut, wird es einem eh nur wieder genommen. "

Es gibt noch so viele weitere Glaubenssätze, mit denen ein Großteil von uns aufgewachsen ist, aber nicht nur wir auch unsere Eltern und Großeltern mussten sich schon mit diesen Sätzen abfinden.

Sie heißen nicht umsonst Glaubenssätze, denn viele glaubten sie, und bei vielen prägte es sich ein.

Doch in der jetzigen Zeit, brauchen wir keine negativen Glaubenssätze mehr, wir brauchen gar keine Glaubenssätze mehr, wir wissen, wir sind frei, und können unser Leben gestalten wie wir wollen.

Uns wurde der freie Wille mitgegeben und es wird Zeit auch diese Sätze aus der alten Zeit der Unterdrückung und der Zeit in der Menschen ein schlechtes Gewissen gemacht wurde, um sie zu lenken, hinter uns zu lassen und unser Potenzial zu leben. Und vor allem wieder Freude zu erfahren. Und uns über uns selbst zu freuen. Wie können wir uns nun aber von den Glaubenssätzen unserer Vorfahren lösen?

Am besten suchst du dir einen ruhigen Platz, nimmst Stift und Zettel und schreibst Folgendes darauf:

Ich ... löse JETZT und für IMMER folgenden Glaubenssatz ... aus meinem Unterbewusstsein und meinem Bewusstsein, aus allen Ebenen und allen Zeiten sowie allen Inkarnationen auf. Danke.

Anstelle dieses Glaubenssatzes kehrt jetzt Licht und Liebe, Freude und Freiheit (... Was dir noch Positives einfällt) ein. Danke.

Lies dir diesen Satz 3-mal laut oder leise vor und verbrenne diesen Zettel dann.

Der Dank für die Erledigung ist wichtig und du wirst sehen, in den darauffolgenden Tagen ändert sich was. Wenn du an den Glaubenssatz denkst, löst er keine oder nur noch wenige Emotionen in dir aus.

Diese Glaubenssätze führen also dazu, dass man sich von seinen eigenen

Gedanken oftmals aus der Bahn werfen lässt, genau, mehr ist es nämlich nicht.

Es sind nur die eigenen Gedanken, diese Verbunden mit Gefühlen rufen genau dann wieder negative Gefühle oder Situationen in das Leben, das heißt also man darf sich freuen, wenn etwas gut läuft und das ganz ohne schlechtem Gewissen und ganz ohne negativen Folgen. Wir dürfen immer glücklich sein.

Ohne Bedingungen.

„Alles hat seine Zeit "

Doch was bedeutet das? Ist es wieder ein Glaubenssatz? Oder steckt mehr dahinter? Haben die Engel was dazu zu sagen?

Es meldet sich Erzengel Zadkiel:

„Hier in der Welt der Geist- und Lichtwesen tatsächlich nichts, denn bei uns existiert weder Raum noch Zeit. Doch bei euch bedeutet es eine Menge.

Die Zeit vergeht und schreitet immer voran, es gibt keinen Stillstand, egal was passiert. Die Welt dreht sich weiter. Die Zeit hält niemals an.

*Deshalb hat alles **seine** Zeit, jeder Erdenbewohner hat **seine** Zeit und die sollte er nutzen. Die Zeit*

vergeht auf der Erde so schnell
wie nie zuvor, die Erde dreht
sich schneller. Die Energien sind
kraftvoller geworden, auch der
Schleier, der die Welten trennt,
ist dünner geworden.

Das alles liegt daran, dass sich
die Schwingung auf der Erde
erhöht hat, immer mehr
Lichtkinder werden geboren, die
Menschen werden immer
sensibler und bewusster.
Aber auch eure Medien werden
immer einflussreicher, alles geht
immer automatischer.

Das heißt auf der einen Seite
bekommen oder suchen die
Menschen zumindest immer
mehr den Zugang zu sich selbst,
doch auf der anderen Seite
werden sie auch abhängig
gemacht von und durch die

Sensibilisierung der Menschen
klappt das immer besser.
Das bedeutet, eure Zeit, die
bereits eh schon schneller
vergeht, vergeht dadurch noch
schneller.

Deshalb werdet euch bewusst,
dass ihr eure Zeit so nutzt, wie es
euch guttut.

Es ist eure Zeit, denn jeder und
alles hat seine Zeit. "

*

Die Akzeptanz, dass alles in Ordnung ist, so wie es ist, ist wahrscheinlich die größte Herausforderung, die wir bewältigen müssen, um in vollkommener Freiheit und in Frieden zu leben.

Das Vertrauen darauf, dass alles in Ordnung ist, so wie es ist, egal was das Leben gerade bereithält, und wenn es noch so schwierig zu sein scheint oder aussichtslos.

Das Leben in jedem Moment zu akzeptieren und zu wissen, dass es richtig ist, genauso wie es ist, bringt uns wahre Freiheit.

Es beruhigt uns, denn wir müssen uns um nichts mehr kümmern. Mit der Akzeptanz, mit der Annahme jeder Situation regelt sich das Leben zur Vollkommenheit.

Wir werden ein Gefühl der Freiheit und der Leichtigkeit verspüren.

Denn die Akzeptanz dem Leben gegenüber löst ganz automatisch die Schwere in unserem Herzen.

Wenn wir vor ein Problem gestellt werden, bringen wir meist zu viel Widerstand und Energie auf, um es zu lösen und letztendlich verstärken wir es oft nur dadurch.

Wenn wir uns nun aber zurücklehnen und akzeptieren, dass das Leben gerade nun mal so ist und es annehmen, sowie drauf vertrauen, dass sich die Dinge zu unserem Besten entwickeln, werden wir eine Leichtigkeit verspüren.

Und diese Leichtigkeit öffnet uns den Weg zur Lösung. Das Wissen, dass es sich für uns regelt, gibt einem Ruhe und Vertrauen.

Und wir bleiben bei unserer Kraft.

Stell dir einmal vor, wie es sich anfühlt, wenn man sich nicht mehr selbst um seine Probleme kümmern muss. Lass den Frieden in dein Herz ziehen und gib alles nach oben ab.

Vertraue und bedanke dich für die Lösung deines Problems.

*

Spüre den Frieden und die Ruhe in dir.

*

Wie gehen wir Menschen damit um, wenn wir einen geliebten Menschen oder ein geliebtes Tier verlieren?

Wir wissen ja schon, dass jede Seele egal ob Tier oder Mensch, wieder zurück nach Hause geht. Der Austritt aus dem Körper ist völlig schmerzlos und es ist ein wieder Eins werden mit dem einen Sein.
Doch wieso löst es in uns Hinterbliebenen solch einen Schmerz aus?

Wieso fühlt sich die Zeit der Trauer an, als ob man handlungsunfähig ist und wieso müssen wir solch einen Schmerz überhaupt erfahren, wenn wir doch hier auf Erden sind um in unserem eigenen Paradies zu leben?

Ich finde es deshalb wichtig, nochmal darauf einzugehen, denn diesen Weg des Abschiedes musste ich schon sehr oft gehen, und jedes mal wieder, fühlt es sich an als ob man nicht mehr zurechnungsfähig ist, als ob ein Teil von einem selbst gegangen ist.

Wenn man ganz genau hinschaut, ist es ja so, nur dass der Teil nicht weg ist sondern ohne Körper wieder ganz in dem einen Sein mit dem wir ja eh verbunden sind.

Diese Erfahrung, dass jemand aus dem Leben geht fing bei mir schon als Kind an.

Früh starb einer meiner Onkel, zwei Jahre später starb eine Tante, wieder zwei Jahre später starb meine Oma, dann meine zweite Oma und dann wieder ein Onkel.

Zwischendrin wurden meine Katzen überfahren oder verschwanden einfach. Irgendwie fühlte ich mich als Kind immer allein gelassen wenn ein Tier oder Mensch ging.

Doch zu der Zeit hatte ich auch das Gefühl der Erleichterung und mir kam immer ein Bild in den Kopf, jetzt ist derjenige "aufgeräumt ".

Für mich als Kind, war das immer sehr traurig, doch schnell hatte ich das Gefühl von Frieden in mir.

Ich dachte mir immer: So jetzt kann dem auch nichts mehr passieren. Und ich konnte damit abschließen.
Das dieser Gedanke bei den Erwachsenen nicht so gut ankam, wurde mir erst mit der Zeit klar, dass es wohl auch eine angemessene Zeit benötigte um zu trauern.

Ich verstand zwar nicht wieso, doch irgendwann war diese unbeschwerte Leichtigkeit des Kindes in mir weg und es prägte sich eine angemessene Trauerzeit in meinem Unterbewusstsein ein.

Das führte dazu, dass ich, als mein Seelenpferd nach schwerer Krankheit über die Regenbogenbrücke ins Licht ging, in mir eine tiefe Depression einsetzte und eine ziemlich schwere Krankheit folgte.

Ich war soweit, dass ich selbst nicht mehr leben wollte.

Niemand konnte mir helfen. Ich fühlte nichts außer Leere und wusste auch nicht wieso immer, wenn der Gedanke kam:

„Jetzt muss sie (mein Pferd) nicht mehr leiden ", ich ein schlechtes Gewissen hatte.

Diese Erleichterung durfte nicht sein. Nein das war schließlich nicht normal. Doch was ist schon normal.
Es folgte die Odyssee der Heilpraktiker und Seelenheiler. Doch wo einfach nur Leere war konnte nichts geheilt werden.

In einer schamanischen Sitzung kam endlich wieder Licht ins Dunkel. Ich kehrte in Trance zu meinem inneren Kind und zu dem Verbot das ich mir als Kind selbst gab zurück. Dass man sich nicht für den anderen freuen darf, wenn jemand stirbt und die Last des kranken Körpers hinten lässt. Wir lösten dieses Verbot in mir auf und ich merkte, wie ich schlagartig wieder Farben sah, anstatt nur schwarz und weiß.

Heute ist mein Pferd mein Krafttier und begleitet mich auf vielen energetischen Reisen. Und ich bin mehr als dankbar dafür, so ein wundervolles und starkes Krafttier an meiner Seite zu haben.

Ich wurde wieder daran erinnert, dass niemand weg ist, nur weil er seinen Körper verlässt. Sie sind immer da, denn wir sind immer eins.

Mittlerweile habe ich kein schlechtes Gewissen mehr, Frieden in mir zu fühlen wenn die erste Trauer vorüber ist. Denn es gibt keine falsche oder richtige Art damit umzugehen wenn jemand von uns geht. Und auch keine angemessene Zeit.

Wir dürfen uns für ihn freuen, dass er wieder im All-Eins ist, im Licht und der unendlichen Liebe.
Wir dürfen seine Präsenz und seine Energie spüren und uns darüber freuen.
Wir dürfen uns gut fühlen.

In vielen Völkern auf dieser Erde wird der Übertritt auf die andere Seite gefeiert. Und man freut sich für den Anderen, dass er es geschafft hat.

Jeder hat seinen Weg mit einem „Verlust " umzugehen. Und jeder Weg ist richtig.

*

Manchmal brauchen wir auch Hilfe in unserem Leben und für unsere Gesundheit.
Wir suchen uns jemanden im Außen, jemanden der uns heilen kann, doch ist das überhaupt möglich?

Die Welt der Spiritualität hat sich in den letzten Jahren und Jahrzehnten ziemlich verändern. Früher sprach man nicht gerne darüber, heute weiß man gar nicht mehr, wo man hingehen soll, weil die Wunder- und Geistheiler aus dem Boden schießen wie Pilze.

Doch woher weiß ich, dass die Behandlung für wenige Euro genauso gut hilft, wie die Behandlung für mehrere Hundert Euro? Woher weiß ich denn, welcher Heiler zu mir passt? Und kann wirklich jeder das halten, was er verspricht? Oder ist auch viel Augenwischerei dabei?

Es gibt mittlerweile unzählige neue und alte wiederentdeckte Praktiken des Heilens, jeder dieser sogenannten Heiler verspricht der Beste zu sein.

Und doch sind viele von uns körperlich oder seelisch krank, fühlen sich schlapp oder sind antriebslos.
Trotz der ganzen Wunderheiler, Ärzte, Heilpraktiker, Physiotherapeuten, Osteopathen, Psychologen und was es noch alles gibt, gibt es so viele Krankheiten wie scheinbar die letzten Jahrhunderte nicht. Doch wieso?

Woran liegt es, dass uns all diese wundervollen Heiler nicht wirklich heilen können? Woran liegt es, dass wir immer wieder zu diesen Menschen gehen müssen, weil scheinbar immer wieder neue Beschwerden kommen, obwohl wir doch bereits so viel Zeit und Geld in diese Therapien gesteckt haben und trotzdem fühlen wir uns nicht ganz gesund. Vielleicht hilft es mal eine Zeit lang, doch dann kommen die nächsten Beschwerden, Probleme, Blockaden.

Die Antwort darauf ist eigentlich ganz einfach. Es liegt nicht an den Heilern oder den Anderen es liegt in uns, denn vielen fehlt die Anbindung zu ihrem Selbst, die Anbindung zu Ihrer Intuition, die Anbindung zu dem, wer wir wirklich sind.

Es kann uns im Außen niemand vollständig heilen, wenn wir uns nicht wieder unserem Inneren hingeben und auf unser Gefühl hören.

Das heißt Heilung beginnt im Innen, sie muss wachsen, wie ein Samen, der in die Erde gegeben wird. Man muss dafür bereit sein, und die Heilung auch wirklich wollen.

Wir können also nicht erwarten, dass wir von anderen Menschen geheilt werden, wenn wir jahrelang oder bereits unser ganzes Leben nur auf unseren Kopf hören, aber nie auf unser Herz.

Wenn wir uns gegen die innere Führung entscheiden, müssen wir mit den Konsequenzen leben.

Wieso also fangen wir nicht an, im Inneren nach Heilung zu suchen? Lass uns doch wieder zurückgehen, auf unser ursprünglichstes Gut, auf den Gott in uns, auf unseren Lebensfunken. Und lass die Heilung im Innen beginnen. Ob wir dann noch Unterstützung oder Hilfe von Außen benötigen, werden wir wissen.

Und auch wer der Richtige für uns ist, um wieder heil zu werden wird sich zeigen, wenn wir auf unsere Intuition hören, wird uns die Stimme im Inneren sagen, ob wir beim Richtigen oder Falschen sind.
Und das dürfen wir kommunizieren, wenn uns etwas nicht gut tut wissen wir das, dann sollten wir es ändern.

Glaube, Vertraue, lasse los und das Allerbeste für dich wird kommen.
Vertraue dir selbst und deiner Intuition. Folge diesem Gefühl und wenn du nicht mehr weiter weißt, deine Anbindung gerade nicht spürst, verzweifelt bist, oder eine Frage hast, richte sie nach oben, bitte um Hilfe und es wird dir geholfen.

Denk immer daran wir sind ein Teil Gottes, ein ungetrennter Teil der Schöpfung, des einen Seins auf der Welt, um Erfahrungen zu sammeln. Unsere Engel und Geistbegleiter dürfen erst tätig werden, wenn du darum bittest, denn wir Menschen wurden von Gott auf diese Erde gesandt. Mit einem freien Willen und diesen würden unsere Beschützer niemals übergehen. Sie greifen nur ein, wenn du sie um Hilfe bittest, oder wenn du dich in Lebensgefahr begibst und es noch nicht an der zeit für dich ist zu gehen. Ansonsten warten sie auf deine Anweisungen und Bitten.

Bedanke dich anschließend, denn der Dank ist der Energieausgleich. Es könnte also heißen, bitte liebe Schutzengel, helft mir bei... danke. Oder bitte gebt mir einen Rat in dieser und jener Angelegenheit... Danke.

Gehe mit dem Vertrauen und dem Wissen durch das Leben, dass du nie alleine bist, egal wie einsam du dich gerade fühlst. Und dass du genau so, wie du bist, richtig bist.

Denn jeder Mensch hier auf Erden hat alleine mit seinem Dasein eine wichtige Rolle zu erfüllen und trägt zum großen ganzen bei.

Du bist etwas Besonders.

<u>Zitat aus Markus 11-24</u>

„Darum sage ich euch: Alles, was ihr bittet in eurem Gebet, glaubet nur, daß ihr empfangen habt, so wird's euch werden. „

© 2024 Martina Reich
Verlag: BoD • Books on Demand GmbH,
In de Tarpen 42, 22848 Norderstedt
Druck: Libri Plureos GmbH,
Friedensallee 273, 22763 Hamburg
ISBN: 978-3-7597-9576-2